LES AMOURS DES DIEUX,

BALET HEROIQUE,

REPRESENTE' POUR LA PREMIERE FOIS par l'Académie Royale de Musique,

Le Dimanche 14. Septembre 1727.

Le prix est de 40. sols.

A PARIS,
Chez la Veuve de PIERRE RIBOU, seul Libraire de l'Académie Royale de Musique; ruë & vis-à-vis la Comedie Françoise, à l'Image S. Loüis.

M. DCC. XXVII.

Avec Approbation & Privilege du Roi.

AVERTISSEMENT.

LEs quatre Sujets fabuleux qu'on a choisis pour former un Ballet Héroïque sont assez connus ; il est inutile de rappeller ici ce que les Mythologistes en disent. Il suffira d'observer qu'on a cru pouvoir réünir dans un seul Acte *Niobé* & *Calisto* : toutes les deux ont été aimées par *Jupiter* ; il n'en faut pas davantage à un Auteur Lyrique, pour être autorisé dans le projet de les rassembler. Il est vrai que la Chronologie ne s'accorde pas avec le Plan qu'on a suivi, mais chacun sçait que Virgile ne l'a pas fort respectée dans son Eneïde ; il a fait soupirer l'un pour l'autre deux cœurs que le tems avoit séparez par trois siécles. Quant à la *Niobé* qu'on amene aujourd'hui sur la Scene, elle fut Fille de *Phoronée* second Roi d'Argos : on n'ignore pas que *Lycaon* Roi d'Arcadie fut Pere de *Calisto*.

L'Ouvrage qu'on présente sur le Théatre, est absolument dans le genre héroïque, cela n'est pas sans exemple ; & si nous avons des Ballets qui ont réussi sous les auspices de Thalie, nous en avons d'autres où Melpomene n'a pas dédaigné de paroître & de placer ses situations tragiques ; le Poignard se montre deux fois dans l'Europe Galante

L'imagination seule n'a pas fourni le sujet du Prologue. Les Jeux funebres instituez par les Sarmates à l'honneür d'Ovide ne sont pas inventez, * ils sont Historiques : Ces Peuples Sauvages adoucis par le plus tendre des Romains ne se contenterent pas de l'aimer pendant les sept années qu'il passa dans son exil ; sa mémoire leur fut chere, ils pleurerent sa mort & lui éleverent près de la Ville de Tomes un Tombeau, monument de leur douleur & du pouvoir des Muses : ce jour fut marqué par une cérémonie renouvellée tous les ans. Ainsi un Génie aimable destiné pour être les délices de Rome n'obtint que sur les bords glacez du Danube les honneurs que lui devoit le Tibre.

* Voyez la Préface de la Traduction des Elégies d'Ovide pendant son exil, imprimée en 1723. qui se vend chez d'Houry le Fils.

ACTEURS ET ACTRICES CHANTANS

dans tous les Chœurs du Prologue & du Balet.

COSTE' DU ROY.

Mesdemoiselles

De Kerkoffen.
Dun.
Antier-C.
Julie.
Dutilli.
Souris-L.

Messieurs

Le Myre-L.
Morand.
Bertin.
Corail.
Houbeau.
Duchesne.
Dautrep.

COSTE' DE LA REINE.

Mesdemoiselles

Millon.
La Roche.
Tettelette.
Charlard.
Souris-C.
Cartou.

Messieurs

Dun pere.
Bremond.
Saint Martin.
Buzeau.
Deshais.
Flamand.
Duplessis.

ACTEURS CHANTANS
DU PROLOGUE.

LA PRESTRESSE SCITE, *du Temple de l'Amour,* Mlle Eremans.
LE CHEF DES SARMATES, Mr Chassé.
UN SARMATE, Mr Grenet.
Sarmates
Prestresses.
Amans des anciens Peuples du Nord.

ACTEURS DANSANS
DU PROLOGUE.

Peuples du Nord.

Polonois.
Messieurs Savar, Thabary.

Polonnoises.
Mademoiselle Menès.
Mesdemoiselles Petit, Thibert.

Sarmates.
Messieurs P-Dumoulin, Dangeville, Pierret, Camargo.
Mesdemoiselles Lemaire, Verdun, Lamartiniere, Durocher.

PROLOGUE.

PROLOGUE.

Le Theatre represente le Temple de l'Amour de la ville de Tomes où les Sarmates célébroient tous les ans une Fête à l'honneur d'Ovide; sa Statuë est placée au milieu.

LA PRESTRESSE.

VOus, qui chaque Printems excitez notre zele
Pour honorer le plus fidelle
Et le plus cher de vos Sujets,
Vôlez, Fils de Venus, secondez nos projets;
C'est la Reconnoissance, Amour, qui vous appelle.

Les Amours volent & couvrent la Statuë d'Ovide d'un Pavillon magnifique; d'autres occupent les angles du Piedestal, les Plaisirs & les Jeux les accompagnent.

LA PRESTRESSE.

Près de ce Monument que j'ai fait élever
Des Plaisirs & des Jeux que la Troupe s'arrête:
Ovide est l'objet de la Fête,
Tout Cythere doit s'y trouver.

LE CHEF *des Sarmates.*

Peuples ſoûmis aux Loix & vous Peuples ſauvages,
Hâtez-vous, traverſez le vaſte ſein des Mers;
Raſſemblez-vous ici, préſentez vos hommages
Au Mortel renommé qui ſur nos froids Rivages
Du plus doux des Vainqueurs fit connoître les fers.
Le jour qu'on l'exila, le Tibre ſur ſes traces
Vit partir auſſitôt les Amours empreſſez;
Le jour qu'il arriva dans nos climats glacez
Pour la premiere fois nous y vîmes les Graces;
Sans lui nos cœurs, qu'il prit ſoin de former,
Ne ſçauroient pas encor aimer.

LA PRESTRESSE *& le Chef des Sarmates.*

Ne tardez pas, ſuivez le devoir qui vous preſſe,
Venez, tendres Amans, venez, accourez tous;
Votre encens dans ces lieux devroit brûler ſans ceſſe,
Et le Tombeau d'Ovide eſt un Autel pour vous.

CHOEUR.

Ne tardez pas, ſuivez le devoir qui vous preſſe,
Venez, tendres Amans, venez, accourez tous;
Votre encens dans ces lieux devroit fumer ſans ceſſe
Et le Tombeau d'Ovide eſt un Autel pour vous.

Les Amans & Amantes des diverſes Nations du Nord, accourent à la voix des Amours & des Plaiſirs, & rendent leurs hommages à la Statuë d'Ovide.

UN SARMATE.

Fiers Aquilons, de vos ravages
Nous ne ſentons pas les horreurs:
Plus l'Hyver glace nos rivages
Plus l'amour enflâme nos cœurs.
Si dans des climats plus tranquiles
Vous éxilez les doux Zéphirs:
Du moins jamais de nos aziles
Vous ne banniſſez les Plaiſirs.
Fiers Aquilons, de vos ravages
Nous ne ſentons pas les horreurs;
Plus l'Hyver glace nos rivages
Plus l'amour enflâme nos cœurs.

On danſe.

LE CHEF *des Sarmates.*

Du Maître des Amans, du Guide des Amours,
Que le Nom dans ces lieux retentiſſe toujours;
Fameux par ſon Eſprit, fameux par ſa Tendreſſe,
Il connoiſſoit tous les détours
Des Rives de Cythere & des Bords du Permeſſe.
Du Maître des Amans, du Guide des Amours,
Que le Nom dans ces lieux retentiſſe toujours.

CHOEUR.

Du Maître des Amans, du Guide des Amours,
Que le Nom dans ces lieux retentiſſe toujours.

On danſe.

LE CHEF *des Sarmates.*

Nos Rivages
Ne ſont plus ſauvages
Depuis que ce ſéjour
Au tendre Amour
Rend des hommages.
Les Oiſeaux
Chériſſent nos Retraittes,
Nos Muſettes
Forment des chants plus beaux;
L'Onde pure
Y mêle un plus doux murmure.
Dieu des Cœurs
Nous te devons ces charmes;
Prens tes Armes,
Lance tes Traits vainqueurs;
Tes Conquêtes
Sont pour nous autant de Fêtes.

LA PRESTRESSE.

Vous qu'Ovide a conduits ſur ces Bords écartez,
Plaiſirs, efforcez-vous d'emprunter ſon langage,
Et des Amours des Dieux par ſa Muſe chantez
Offrez à nos regards une fidele image.
Par un ſi beau ſpectacle achevez aujourd'hui
Les Jeux que notre zele a conſacrez pour lui.

LA PRESTRESSE & LE CHEF *des Sarmates.*

Nous devons à jamais célébrer sa Mémoire,
Il nous a montré l'art d'attacher la Victoire
Aux armes de Paphos :
Ainsi que Mars l'Amour a ses Héros,
Ainsi que Mars l'Amour est suivi de la Gloire.

CHOEUR.

Nous devons à jamais célébrer sa Mémoire,
Il nous a montré l'art d'attacher la Victoire
Aux armes de Paphos :
Ainsi que Mars l'Amour a ses Héros,
Ainsi que Mars l'Amour est suivi de la Gloire.

Fin du Prologue.

ACTEURS DANSANS DU BALET.

I. ENTRE'E.

1. DIVERTISSEMENT.

Tritons.

Monsieur D-Dumoulin.
Messieurs F-Dumoulin, P-Dumoulin, Dangeville, Pikuarz.

Néreïdes.

Mesdemoiselles Binet, Durocher, Delisle-C., Lamartiniere.

2. DIVERTISSEMENT.

Matelots.

Monsieur Laval, Mademoiselle Camargo-L.
Messieurs Dumoulin-L., Savar, Pierret, Thabary.

Matelottes.

Mesdemoiselles Duval, Petit, Thibert, Lemyre.

II. ENTRE'E.

Argiens.

Monsieur Blondy.
Monsieur Maltaire-C., Mademoiselle Delisle-L.

Meſſieurs Dumoulin-L., Savar, Thabary, Pikuarz, Maltaire-L., Javilliers fils.

Argiennes.

Meſdemoiſelles Thibert, Verdun, Lemyre, Deliſle-C., Camargo-C.

III. ENTRE'E.

Bergers.

Monſieur D-Dumoulin, Mademoiſelle Prevoſt.

Meſſieurs Dumoulin-L., Savar, Dangeville, Thabary, Maltaire-L., Pierret.

Bergeres.

Mademoiſelle Sallé.

Meſdemoiſelles Duval, Thybert, Durocher, Binet, Lemaire, Martiny.

IV. ENTRE'E.

Faunes.

Meſſieurs Laval, Maltaire-C.

Meſſieurs Dangeville, Maltaire-L., Pierret, Savar, Camargo, Thabary.

Baccantes.

Mademoiſelle Camargo-L.

Meſdemoiſelles Petit, Thybert Lemyre, Verdun, Lamartiniere, Durocher.

ACTEURS CHANTANS.

I. ENTRE'E.

NEPTUNE,	Mr. Thevenard.
AMYMONE,	Mlle. Pelissier.
UN FAUNE,	Mr. Tribou.
UNE MATELOTTE,	Mlle Minier.

La Scene est sur un bord de la Mer.

II. ENTRE'E.

JUPITER,	Mr Lemyre.
NIOBE', *Reine d'Argos*,	Mlle Antier.
CALISTO, *Nymphe, Fille de Licaon Roi d'Arcadie, & inconnuë à la Cour de Niobé*,	Mlle. Lambert.
PHORCAS, *Roi de Thrace, Epoux désigné de Niobé*,	Mr Chassé.

La Scene est dans le Palais des Rois d'Argos.

III. ENTRE'E.

APOLLON *en Berger*,	Mr Tribou.
CORONIS,	Mlle Pellissier.
IPHIS, *Berger, Amant de Coronis*,	Mr Dun fils.
ISMENE *Bergere, Amie de Coronis*,	Mlle Julie.
MERCURE,	Mr Galaudet.
UNE BERGERE,	Mlle Cartou.

La Scene est dans un Hameau de la Thessalie.

IV. ENTRE'E.

BACCUS,	Mr Thevenard.
ARIANE,	Mlle Antier.
UNE BACCANTE,	Mlle Eremans.

Egipans.

Baccantes.

La Scene est sur un Rivage solitaire de l'Isle de Naxos.

LES

LES AMOURS DES DIEUX,

BALET HEROIQUE.

PREMIERE ENTRÉE.

Le Théatre represente la Mer & un Rivage semé de Rochers.

SCENE PREMIERE.

AMYMONE *seule.*

SOlitude paisible
Cachez mes feux secrets: retenez les Echos.
Et vous calme profond qui regnez sur les flots
Passez dans mon cœur trop sensible.

Sans cesse je reviens sur ces Rochers déserts
Où j'ai vû mon Vainqueur, où j'ai reçu ses fers.

Pour chercher chaque jour ces sauvages Retraites
Je quitte la fraîcheur des Bois les plus charmans ?
C'est toujours dans les lieux témoins de leurs défaites
Que les tendres Amans
Rencontrent leurs plus doux momens.

Dieu de l'Onde, venez, hâtez-vous de paraître ;
Vous ignorez des feux que vous avez fait naître,
Un Faune téméraire ose éxiger de moi
Des voeux qui vous sont dûs... Mais c'est lui que je voi...

SCENE II.

AMYMONE, UN FAUNE.

LE FAUNE.

ENfin, je vous trouve, Inhumaine,
Demeurez. Vainement vous voulez m'éviter,
Si vous ne plaignez pas ma peine
Je sçaurai vous contraindre au moins à l'écoûter.

AMYMONE.

Ah ! contraignez plutôt un transport qui m'outrage.

LE FAUNE.

Non, non, c'eſt trop longtems rebuter mon hommage,
Par vos cruels refus c'eſt trop être inſulté;
Vous me faites ſouffrir le plus rude eſclavage,
Prétendez-vous jouir de votre liberté?

Vous ne répondez-pas?.. que faut-il que je penſe?...
Duſſiez-vous redoubler ma mortelle douleur,
Donnez un libre cours à votre indifference:
Quoi, n'avez-vous que le ſilence
Pour m'annoncer votre rigueur?

AMYMONE.

Sur ce Rivage tranquiſe
Je viens chercher le repos.
Je ne veux dans cet Azile
Ecoûter que les Echos.

LE FAUNE.

Non, ſur ce Rivage paiſible
Ce n'eſt pas le repos qui charme votre Cœur,
Vous y venez rêver à quelqu'heureux Vainqueur,
Votre trouble m'apprend que vous êtes ſenſible.

AMYMONE.

Mon trouble, hélas! vous apprend
Que je crains & non que j'aime.

Devenez indifferend,
Vous verrez dans l'instant même
S'appaiser ce trouble extrême,
Qui m'agite & vous surprend.

LE FAUNE.

Croyez-vous m'aveugler par une feinte vaine ?
L'Amour jaloux m'éclaire, & son flambeau fatal
Malgré vous, malgré moi me fait voir votre haine;
Je cherche dans vos yeux le doux prix de ma peine,
Et je crains d'y trouver le bonheur d'un Rival.

AMYMONE.

Que dites-vous, ô Dieux! non, mon cœur n'est point tendre.

LE FAUNE.

Ah! que vous vous défendez mal,
En vous pressant de vous défendre!
C'est ici, je le vois, qu'une secrette ardeur
A sçu vaincre votre froideur...
Chaque jour sans témoins vous venez vous y rendre;
Sur ces bords écartez la terre sans appas
Ne se pare jamais de fleurs & de verdure;
Il n'est point dans ces lieux de Ruisseau qui murmure:
Non, des Indifférens n'y portent point leurs pas.
Eh! quels attraits pourroient vous plaire
Sur ce Rivage solitaire
Si l'Amour à vos yeux ne l'embellissoit pas?

Que vois-je? votre trouble augmente...
Je ſens redoubler mon courroux.
Vous voyez ſans pitié le mal qui me tourmente,
Vous voulez fuir encor... eh quoi! l'eſperez-vous?

AMYMONE.

Comment voulez-vous qu'on vous aime?
Dans vos diſcours votre tendreſſe même
Inſpire de l'effroi.
Le Dépit armé de menaces
Vôle ſans ceſſe ſur vos traces;
Lorſque l'Amour prétend que l'on ſuive ſa Loi,
Il la doit annoncer par la bouche des Graces.

LE FAUNE.

D'inutiles ſoûpirs ne ſont pas faits pour moi;
De tant de vains détours ma tendreſſe s'offenſe:
Vous poſſedez mon cœur, je vous donne ma foi;
Il faut qu'un prompt aveu couronne ma conſtance.

AMYMONE.

Dieux! ô Dieux! quelle violence!

LE FAUNE.

Si vous avez des Dieux pour vous,
J'aurai pour moi le plus puiſſant de tous;
C'eſt leur Vainqueur, c'eſt l'Amour qui m'inſpire.

AMYMONE.

Neptune, vous ſouffrez que près de votre Empire,
L'Innocence redoute un funeſte danger,
Tout vous dit de me protéger.

SCENE III.

AMYMONE, LE FAUNE, NEPTUNE, TRITONS.

NEPTUNE.

TRitons, allez punir ce Faune témeraire.

AMYMONE.

C'eſt vous qui me vangez, quel ſecours glorieux!

NEPTUNE.

Les Arrêts de votre colere
Sont executez par les Dieux. *

* *Les Tritons emmenent le Faune.*

AMYMONE.

Les Dieux défendent l'Innocence,
C'eſt ce que j'éprouve aujourd'hui.
Contre un Audacieux, contre ſa violence
Mon cœur méritoit votre appui.

NEPTUNE.

Il vous aime, quel crime! & qu'il eſt pardonnable!
Ah! quand je punis ce Coupable
Je ſuis plus criminel que lui.

AMYMONE *à part.*

L'ai-je bien entendu ? quel aveu favorable !

NEPTUNE.

Jeune beauté, vos yeux vainqueurs
Se font rendre sans cesse un tribut légitime.
Si l'Amour vous paroît un crime,
Vous ne verrez jamais que de coupables cœurs.
Vous vous troublez !... eh ! que pouvez-vous craindre ?
Parlez. Cessez de vous contraindre,
Un Dieu tendre & soumis doit-il épouvanter ?

AMYMONE.

La flâme d'un coeur témeraire
N'offre que des périls que l'on peut éviter :
Mais l'Amour est à redouter
Dans un Amant digne de plaire.

NEPTUNE.

O Ciel ! serois-je assez heureux
Pour vous faire sentir cette charmante crainte ?

AMYMONE.

Quand mon cœur éperdu vous adressoit sa plainte,
Ce n'étoit pas le Dieu qu'imploroient tous mes voeux.
Vous venez de punir une ardeur qui m'offense,
De votre empressement que mon cœur est charmé !

Ah! qu'il est doux de devoir sa défense
Au secours d'un Amant aimé.

NEPTUNE.

Vous ressentez mes feux & vous daignez le dire;
Partagez mon pouvoir ainsi que mon ardeur.

AMYMONE.

Je veux regner sur votre cœur,
C'est l'unique empire
Que le mien désire:
Compte-t'on pour un bien l'éclat de la grandeur
Quand on soupire?
L'Amour seul des Amans peut faire le bonheur.

ENSEMBLE.

Me serez-vous toujours fidelle?
Ah! si vous cessiez de m'aimer
Quel supplice pour moi qu'une vie immortelle
Non, rien ne doit vous allarmer;
Je vous serai toujours fidelle.

NEPTUNE.

Accourez sur ces Bords vous qui suivez mes Loix,
Rassemblez-vous, venez applaudir à mon Choix.

SCENE IV.

SCENE IV.

NEPTUNE, AMYMONE, NEREIDES, *Tritons, Matelots.*

NEPTUNE.

AU vaste Sein des Mers Venus a pris naissance,
Et son Fils dans ce jour m'offre pour récompense
Le plus aimable Objet qui brille sous les Cieux.
Quel prix charmant & glorieux!
Du Dieu qui m'a soumis qu'il marque la puissance!
Jamais l'Amour pouvoit-il mieux
Signaler sa Reconnoissance?

Que sur ces bords parez de ses attraits
Le Vainqueur de Cythére
Vôle & regne à jamais:
Aux lieux qu'il embellit pourroit-il se déplaire?
Par la main des Plaisirs qu'il nous lance ses traits.

CHOEUR.

Que sur ces bords parez de ses attraits
Le Vainqueur de Cythére
Vôle & regne à jamais:
Aux lieux qu'il embellit pourroit-il se déplaire?
Par la main des Plaisirs qu'il nous lance ses traits.

On danse.

UNE MATELOTTE.

Soupirez aimable Jeuneſſe,
Profitez de vos beaux jours.

CHOEUR.

Soupirez aimable Jeuneſſe,
Profitez de vos beaux jours.

LA MATELOTTE.

Que le Temps qui vous rit ſans ceſſe
S'envôle ſans trop preſſer ſon cours.
Soupirez aimable Jeuneſſe,
Profitez de vos beaux jours.

CHOEUR.

Soupirez aimable Jeuneſſe,
Profitez de vos beaux jours.

LA MATELOTTE.

Hâtez-vous d'éprouver les biens de la tendreſſe,
Prévenez de fâcheux retours.
Jamais la ſévere Vieilleſſe
Ne doit ſe montrer aux Amours.
Soupirez aimable Jeuneſſe,
Profitez de vos beaux jours.

CHOEUR.

Soupirez aimable Jeuneſſe,
Profitez de vos beaux jours.

On danſe.

UNE MATELOTTE.

Jeunes Cœurs, quittez le Rivage,
Embarquez-vous avec l'Amour :
Souvent il nous fait dans l'orage
Goûter les douceurs d'un beau jour.
Partez, qu'à vos vœux tout réponde,
Vous allez voir vôler ſur l'Onde
Autant de Jeux que de Zéphirs.
N'allez pas conſulter la Raiſon ſur la route,
On s'égare lorſqu'on l'écoûte,
Elle épouvante les Plaiſirs.
Dans le Port du bonheur ſuprême
Si l'on veut arriver,
C'eſt dans les yeux de ce qu'on aime
Qu'il faut apprendre à le trouver.

Fin de la premiere Entrée.

JUPITER, NIOBÉ, ET CALISTO.

SECONDE ENTRÉE.

Le Théatre represente le Palais des Rois d'Argos.

SCENE PREMIERE.

CALISTO *ſeule.*

DAns le Palais d'Argos inconnuë, étrangere,
Caliſto, que prétens-tu faire ?
Tu parois oublier de trop juſtes douleurs...
L'inconſtant Jupiter a cauſé mes malheurs,
Pour découvrir l'objet qui m'ôte ſa tendreſſe
Je parcourois, hélas, les Rives de la Gréce
Quand Niobé m'arrêta dans ſa Cour....

En vain par ses bienfaits elle veut chaque jour
Adoucir mon destin sévere;
Non, l'amitié la plus sincere
Ne sçauroit consoler un malheureux Amour.

SCENE II.

CALISTO, NIOBE'.

NIOBE'.

Nymphe, vous soupirez.... ne puis-je enfin connaître
Et votre nom & vos malheurs?

CALISTO.

Ah! parmi vos plaisirs mes secretes douleurs
Ne doivent point paraître.
Vous commandez dans ce charmant séjour,
Un Roi Favori de Bellone
Vous offre avec son Cœur encor une Couronne.

NIOBE'.

Je ne veux point devoir de Couronne à l'Amour.

CALISTO.

Phorcas est digne de vous plaire;
Vos Ennemis domptez connoissent sa valeur;
Ses Exploits sont le fruit de sa fidelle ardeur;
Votre hymen lui promet le prix qu'elle en espere,
Il a l'aveu de votre Pere....

NIOBE'.

Il n'a pas celui de mon cœur.

CALISTO.

Qu'entens-je ?

NIOBE'.

Mon pouvoir me dispense de feindre.
Je souffrois un Amant protegé par mon Roi,
Son trépas m'affranchit d'une si dure Loi,
Et mon Cœur libre enfin cesse de se contraindre,
Phorcas n'est point aimé....

CALISTO.

Vous devez donc le craindre.
Dans un Amant trahi vous blessez un Héros,
Ses Guerriers triomphans l'ont suivi dans Argos...

NIOBE'.

Contre lui son Rival sçaura bien me défendre.

CALISTO.

Vous avez fait un Choix ?

NIOBE'.

L'Univers doit l'apprendre ;
C'est cacher trop longtems un feu si glorieux.

CALISTO.

Eh ! quel est cet Amant ? ose-t'il entreprendre
De troubler les soupirs d'un Roi victorieux ?

NIOBE.

Peut-il craindre les Rois? il fait trembler les Dieux.

CALISTO *interdite.*

C'est Jupiter....

NIOBE.

Lui-même.

CALISTO *à part.*

O surprise fatale!
Ciel! je chérissois ma Rivale!

Haut.

Vous aimez Jupiter? Quoi ne sçavez-vous pas
Qu'une flâme constante est pour lui sans appas?

NIOBE.

Peut-on, quand Jupiter soupire,
Craindre ses volages ardeurs?
Il est beau de regner sur le plus grand des Cœurs,
Ne dût-on qu'un seul jour en posseder l'Empire.

CALISTO.

Vous n'aimez, je le vois, que l'éclat des grandeurs,
Je vous laisse en gouter les charmes....

A part en s'en allant.

Pour lui faire du moins partager mes allarmes,
Allons du Roi de Thrace exciter les fureurs.

SCENE III.

NIOBE' ~~seule~~

Que de plaisirs dans mon ame
Va rassembler ce beau jour !
Qu'il est doux de trouver dans l'objet de sa flâme
Les attraits de la Gloire avec ceux de l'Amour !

Le Souverain des Dieux me cede la Victoire,
Il me rend son hommage ainsi que les Mortels :
Des honneurs éclatans assûrent ma Mémoire,
Je monte sur le Trône & j'attens des Autels.

Que de plaisirs dans mon ame
Va rassembler ce beau jour !
Qu'il est doux de trouver dans l'objet de sa flâme
Les attraits de la Gloire avec ceux de l'Amour !

SCENE IV.

NIOBE', PHORCAS.

PHORCAS *à part.*

JUste Ciel ! qu'ai-je appris... l'ingrate.. la perfide...
Mais cachons un instant la fureur qui me guide...
Reine, m'est-il permis de presser les doux nœuds
Qui doivent nous unir tous deux ?

Vainqueur heureux, Amant fidele,
Contre vos Ennemis j'ai conduit mes Guerriers:
Couronnez ma flâme immortelle,
Daignez mêler enfin le Myrthe à mes Lauriers.

NIOBE'.

Je sçai que je vous dois de la reconnoissance,
Des bienfaits des Héros elle est la récompense,
Prince, n'attendez rien de plus...

PHORCAS.

Infidelle ! est-ce ainsi...

NIOBE'.

Calmez la violence
De vos reproches superflus.

Apprenez mon dessein. Des Reines Amazones
J'admire les vertus, je veux suivre leurs pas.
Notre hymen uniroit deux Trônes,
Mais un seul sans partage a pour moi plus d'appas;
Je prétens que les lieux soumis à ma puissance
Ne reconnoissent que ma loi.
En vain l'Amour promet de la Constance
Et l'Hymen de la Déférence,
L'Epoux d'une Reine est son Roi,
Et je ne veux rien voir entre les Dieux & moi.

PHORCAS.

Croyez-vous me tromper, volage?
Je sçais votre infidelité.

NIOBE.

Pourquoi votre cœur irrité
La prend-il donc pour un outrage?
Un Héros sans rougir cede au Maître des Dieux.

PHORCAS.

Non, Jupiter n'est point ce Rival odieux...
Vous prétendez en vain joüir de votre crime
Sous le voile imposant d'un nom si glorieux.
Rien ne peut arrêter ma fureur légitime.
Puisque vous refusez mille Lauriers offerts,
Avec la main qui vous les donne,
Puisque vous refusez de porter ma Couronne,
Mes ordres sont donnez: vous porterez des fers.

NIOBE'.

D'un Amant immortel redoutez la puiſſance.

PHORCAS.

Ah ! le ſuccez de ma vangeance
Va juſtifier dans ce jour
Ma Rage ou votre Amour...

NIOBE'.

Vous cherchez à perir en doutant de ma Gloire.

PHORCAS.

Perfide ; laiſſez-moi, quand je pourrois vous croire
Je ne ſuivrois pas moins mes tranſports furieux...

NIOBE'.

Doit-on à Jupiter diſputer la victoire ?

PHORCAS.

L'Amour déſeſperé ne connoît plus les Dieux.

SCENE V.

NIOBE', CALISTO.

NIOBE'.

VA, cours, ne pense pas que je craigne ta rage...
Allons des Argiens soutenir le courage,
Montrons-nous...

CALISTO *suivie de quelques Thraces.*

Arrêtez. C'est dans votre Palais
Que commence votre esclavage.
Les Guerriers de Phorcas ont ici l'avantage.

NIOBE'.

Quoi, vous me trahissez ! Quel prix de mes bienfaits.

SCENE VI.

NIOBE', CALISTO, ARGIENS & THRACES.

Combattans qu'on ne voit point.

CHOEUR *des Combattans.*

ARGIENS. Courons, courons, prenons } les armes.
THRACES. Cedez, cedez, rendez } les armes.

NIOBE'.

Ciel ! Qu'entens-je ? Quelles allarmes !

CHOEUR.

ARGIENS. Courons, courons, prenons } les armes.
THRACES. Cedez, cedez, rendez } les armes.

ARGIENS. Vangeons-nous.
THRACES. Rendez-vous.

TOUS. Cedez, cédez, rendez les armes.

NIOBE'.

Quels cris affreux!
On détruit mes Sujets...

CALISTO.

On ſeconde mes vœux.

NIOBE'.

Nymphe, quel eſt l'objet de votre perfidie?
Votre cœur applaudit à mon cruel deſtin...

CALISTO.

Reine d'Argos, connois enfin,
La Fille du Roi d'Arcadie.

NIOBE'.

Vous, Caliſto?

CALISTO.

Ce nom ne m'excuſe-t'il pas?
Tu ſçais ma diſgrace fatale:
Juge de mes tourmens: hélas!
Tu confiois à ta Rivale
Le triomphe de tes appas.

NIOBE'.

Jupiter, armez-vous, tonnez, mettez en poudre
De cruels Ennemis de la Terre & des Cieux.

ENSEMBLE.

O vous qui partagez { ſes / mes } tranſports furieux

NIOBE'. { Craignez / CALISTO. Bravez } le fer, { craignez / bravez } la foudre.
{ Vous bleſſez / Combattez } à la fois les Mortels & les Dieux.

SCENE VII.

NIOBE', CHOEUR *des Combattans.*

CHOEUR *des Combattans.*

Argiens.

JUpiter, armez-vous, tonnez, mettez en poudre
De cruels Ennemis de la Terre & des Cieux.

THRACES. { craignez / bravez } le fer, { craignez / bravez } la foudre,
{ Vous bleſſez / Combattons } à la fois les Mortels & les Dieux.

Pendant ce Chœur la Nuit ſurvient, les éclairs brillent,

le Tonnerre gronde, & méle son bruit affreux à celui des Tambours & des Trompettes, que redoublent les cris des Argiens & des Thraces qui traversent le Théatre en combattant.

SCENE VIII.

NIOBE', CALISTO.

CALISTO.

PHorcas périt... Je perds l'espoir de ma vangeance...

* *La nuit se dissipe & le jour paroît plus brillant.*

Jupiter va paroître *: évitons sa présence...
Cachons au fonds des Bois ma honte & mon courroux.
Reine, ton sort seroit trop doux,
Si tranquile témoin de ma douleur fatale
Tu joüissois dans le même moment
Des tendres transports d'un Amant
Et du dépit d'une Rivale.

SCENE IX.

NIOBE', JUPITER *dans la gloire, il en descend pendant la Ritournelle, & aborde la Reine.*

JUPITER.

BElle Princesse, enfin, c'est dans cet heureux jour
Que peut éclater mon amour.

A vos divins attraits j'ai cedé la victoire,
Que la Terre & les Cieux entendent mes soupirs:
Que rien ne manque à votre gloire,
Votre triomphe augmente mes plaisirs.

NIOBE'.

Contre mes Ennemis vous prenez ma défense,
Vous vangez mes Sujets, que ne vous dois-je pas?

JUPITER.

Vous partagez mes feux: ah! quelle récompense
D'un bonheur si charmant peut payer les appas?

ENSEMBLE.

Brûlez d'une flâme immortelle,
Aimez, répondez à mes vœux:
Si vous m'êtes toujours fidelle
Mon sort sera toujours heureux.

NIOBE'.

NIOBE'.

Venez Peuple d'Argos, appaisez vos allarmes,
Venez, quittez les armes;
De vos fiers Ennemis bravez le vain courroux:
Jupiter s'est armé pour vous,
D'un triomphe si beau chantez, goûtez les charmes.

SCENE X.

JUPITER, NIOBE', ARGIENS,

~~*triomphe de Niobé & des Argiens.*~~

CHOEUR.

Appaisons nos allarmes,
Quittons, quittons les armes,
De nos fiers Ennemis bravons le vain courroux.

NIOBE'.

Jupiter s'est armé pour vous,
D'un triomphe si beau chantez, goûtez les charmes.

CHOEUR.

Jupiter s'est armé pour nous
D'un triomphe si beau chantons, goûtons les charmes.

On danse.

NIOBE'.

Que Bellone & ses cris affreux
Ne troublent plus nos paisibles Retraittes:

Que les Tambours & les Trompettes
N'éclatent plus que dans nos Jeux.
Profitez de votre avantage,
Aimez jeunes Guerriers:
La Beauté la plus fiere est sensible à l'hommage
D'un Amant couvert de Lauriers,
Lorsque vous quittez Mars que l'Amour vous engage.

Que Bellone & ses cris affreux
Ne troublent plus nos paisibles Retraittes:
Que les Tambours & les Trompettes
N'éclatent plus que dans nos Jeux.
On danse.

UNE ARGIENNE.

Que de Lauriers nous donne la Victoire!
Que de plaisirs nous annonce l'Amour!
Goûtons de doux instans dans cet heureux Séjour:
Nous verrons marquer chaque jour
Par la tendresse ou par la gloire.
On danse.

L'ARGIENNE.

Revenez Plaisirs tranquiles,
Revenez dans nos Aziles.

CHOEUR.

Revenez Plaisirs tranquiles,
Revenez dans nos Aziles.

L'ARGIENNE.

Vous qui faites ſeuls nos plus beaux jours,
Revenez auſſi charmans Amours;
Lancez-nous vos traits vainqueurs,
Gardez-vous bien d'épargner nos Cœurs.

CHOEUR.

Vous qui faites ſeuls nos plus beaux jours,
Revenez auſſi charmans Amours;
Lancez-nous vos traits vainqueurs,
Gardez-vous bien d'épargner nos cœurs.

L'ARGIENNE.

De la Paix ſuivez les traces,
Revenez, Jeux, Ris & Graces.

CHOEUR.

De la Paix ſuivez les traces,
Revenez Jeux, Ris & Graces.

L'ARGIENNE.

Vous qui faites ſeuls nos plus beaux jours,
Revenez auſſi charmans Amours;
Lancez-nous vos traits vainqueurs,
Gardez-vous bien d'épargner nos cœurs.

CHEOUR.

Vous qui faites ſeuls nos plus beaux jours,
Revenez auſſi charmans Amours;
Lancez-nous vos traits vainqueurs,
Gardez-vous bien d'épargner nos cœurs.

Fin de la ſeconde Entrée.

APOLLON ET CORONIS.

TROISIE'ME ENTRE'E.

Le Théatre represente un Hameau de la Thessalie.

SCENE PREMIERE.

CORONIS, ISMENE.

ISMENE.

POur vous quelle gloire nouvelle,
Aimable Coronis ! quoi, ce Berger fidelle
Qui sur vos pas soûpire nuit & jour,
C'est Apollon !

CORONIS.

Banni par le Dieu du Tonnerre,

Le plus beau Climat de la Terre
Le dédommage ici du céleste Séjour.

ISMENE.

Pourquoi dérobez-vous ce triomphe à l'Amour?

Non, je ne connois que vos charmes
Qui puissent effacer le souvenir des Cieux.
Vous contraignez les Dieux
A vous rendre les armes:
Non, je ne connois que vos charmes
Qui puissent effacer le souvenir des Cieux.

Vous ne m'écoûtez pas...?

CORONIS.

Veux-tu te faire entendre?
Ne me parle plus que d'Iphis.

ISMENE.

D'Iphis! que dites-vous? & qu'allez-vous m'apprendre?

CORONIS.

Un secret que mes yeux devroient t'avoir appris.

Un feu nouveau me dévore,
Rien n'égale sa douceur:
Sans cette aimable ardeur
J'ignorerois encore
Les plus charmans plaisirs que peut goûter un cœur.

ISMENE.

Quoi, vous changez !

CORONIS.

L'Amour me le pardonne ;
J'aime Iphis ce jeune Etranger.

ISMENE.

Coronis abandonne
Un Dieu pour un Berger !

CORONIS.

Tu n'as jamais aimé si mon aveu t'étonne.

ISMENE.

Comment défendrez-vous votre légereté ?
Le Rang d'Apollon vous accuse.

CORONIS.

Apollon lui-même m'excuse,
Lorsqu'il m'instruit de sa Divinité.

Le Fils de Jupiter, le Dieu qui nous éclaire
Par l'Hymen près de moi ne peut être arrêté ;
C'est un crime pour lui que d'avoir sçu me plaire.

Gardons-nous de former des vœux
Que suit une honte certaine :
Amour, on doit briser ta plus aimable chaîne
Quand l'Hymen ne doit pas en resserrer nœuds.

ISMENE.

Près d'un Amant que votre Cœur offense,
Votre légereté voudroit changer de nom,
Et vous prêtez à l'Inconstance
Le langage de la Raison.

Mais, Iphis doit trembler du destin d'Apollon.

CORONIS.

Je lui cache le sort de ma premiere flâme...

ISMENE.

Et vous le trahissez par ce déguisement...

CORONIS.

Ce n'est pas trahir un Amant
Que d'épargner des soins & du trouble à son ame.

ISMENE.

Ne prévoyez-vous pas cent périls dans ce jour?..

CORONIS.

Le Bandeau de l'Amour
Laisse voir ses plaisirs & nous cache ses peines.
Dans un cœur trop sensible enchanté de ses chaînes
La Raison n'a point de retour.
Le Bandeau de l'Amour
Laisse voir ses plaisirs & nous cache ses peines.

On vient. C'est Apollon : déguisons mon ardeur....
Quel triste moment pour mon Cœur!

SCENE II.

CORONIS, APOLLON.

APOLLON.

JE ne m'occupe plus que de mon feu sincere:
Charmante Coronis, le bonheur de vous plaire
Du souverain Maître des Dieux
M'a fait oublier la colere;
En vain il m'a banni des Cieux,
Je les retrouve dans vos yeux.

Vous connoissez enfin l'Amant qui vous engage...

CORONIS.

Peut-être avez-vous cru par un brillant hommage
Flater un jeune Cœur, animer ses désirs.
Et que j'aimerois davantage
Quand je sçaurois qu'un Dieu m'adressoit ses soupirs?

APOLLON.

Je vous ai fait l'aveu de ma grandeur suprême,
Pouvois-je vous cacher le sort de votre Amant?

Le

Le plus léger déguisement
Devient un crime quand on aime.

Depuis qu'Inconnu sur ces Bords
Je prens soin des Troupeaux d'Admette ;
Vous daignez de ma flâme approuver les transports,
Qelle felicité parfaite !
Le Sort m'a fait Berger pour combler mes desirs :
Qu'en restant dans les Cieux je perdois de plaisirs !

CORONIS.

Quelque soit l'excès de sa flâme
Un Dieu n'a pas longtems les transports d'un Berger.
Et lorsque la Grandeur lui parle de changer,
L'Amour sort bientôt de son ame.
Quel que soit l'excès de sa flâme
Un Dieu n'a pas longtems les transports d'un Berger.

APOLLON.

Connoissez mieux & mon cœur & vos charmes,
Non, ils ne sont pas faits pour l'infidelité.
Ma Constance & votre Beauté
Condamnent vos allarmes.
Connoissez mieux & mon cœur & vos charmes,
Non, ils ne sont pas faits pour l'infidelité.

On voit Mercure descendre des Cieux, & traverser le Théatre.

CORONIS.

Quel Dieu du haut des Cieux descend dans nos
Boccages ?

APOLLON.

C'est Mercure. Sous ces ombrages
Quel dessein l'amene aujourd'hui ?

CORONIS.

Il paroît vous chercher : je vous laisse avec lui.

SCENE III.

APOLLON, MERCURE.

MERCURE.

JUpiter veut enfin oublier votre offense,
Il répond aux désirs de cent Climats divers :
Il vous rappelle ; il faut joüir de sa Clemence,
Quittez la Terre, allez, les Cieux vous sont ouverts.

Sur votre Char brillant, vôlez rendez au Monde
Le Dieu qui seul doit l'éclairer.
L'Olympe vous attend ; partez sans differer :
Rendez à l'Univers votre clarté féconde :
Pour embellir les Cieux, la terre & l'Onde
Il suffira de vous montrer.

Sur votre Char brillant vôlez, rendez au Monde
Le Dieu qui seul doit l'éclairer.

APOLLON.

Mercure, je rends grace au zele
Qu'aujourd'hui vous me faites voir.
Allez, je suivrai mon devoir,
Apollon doit partir quand Jupiter l'appelle.

SCENE IV.

APOLLON *seul.*

On entend le Prélude d'une Fête champêtre.

QUels Jeux dans le Hameau vont-ils donc célébrer?...
Mais cherchons Coronis. Allons lui déclarer
Que Jupiter enfin excuse mon offense...
Ah! Dieu cruel que je hais ta clemence!
Elle va m'éloigner de l'Objet de mes feux,
Et retarder le prix de ma perseverance...
M'accorder un pardon si contraire à mes vœux,
Ce n'est pas appaiser ton courroux rigoureux;
C'est redoubler encor ta fatale vangeance.

SCENE V.

IPHIS, BERGERS ET BERGERES.

IPHIS.

Chantez Bergers, chantez, réveillez-vous Echos,
Répondez à nos voix, imitez nos Musettes;
Que notre sort est doux dans ces belles Retraittes!
L'Amour même jamais n'en trouble le repos.

CHOEUR.

Chantons, réveillez-vous Echos,
Répondez à nos voix, imitez nos Musettes;
Que notre sort est doux dans ces belles Retraittes!
L'Amour même jamais n'en trouble le repos.

On danse.

UNE BERGERE.

Regnez, Fils de Venus, dans ce charmant Boccage,
Vous ne verrez sous son ombrage
Que vos Sujets les plus heureux.
Ici, quand l'Hymen nous engage,
C'est vous seul qui formez ses nœuds:
Amour, si vous cherchez le plus sincere hommage,
Vôlez, cherchez nos Bois, n'écoûtez que nos vœux.

On danse.

LA BERGERE.

Dans nos Champs s'il coule des larmes,
Des Ingrats
Ne nous les arrachent pas.
Nous pouvons aimer ſans allarmes,
Ici tous les Cœurs
Ne ſont jamais vains ni trompeurs.
La Bergere ignore ſes charmes,
Et l'art de changer
N'eſt pas ſçû du Berger.

SCENE VI.

IPHIS, BERGERS, CORONIS, ISMENE.

CORONIS *au fond du Théatre, à part à Iſmene.*

APollon quitte enfin ces lieux,
Rien ne m'allarme plus, j'ai reçu ſes adieux...

Elle apperçoit Iphis & les Bergers.

Mais, c'eſt vous, cher Iphis ! quelle Fête galante...

IPHIS.

C'eſt ma felicité que ſur ces Bords on chante.
A l'Auteur de vos jours je viens d'ouvrir mon cœur,
Conduit par l'eſperance, inſpiré par ma flâme,

Mes respects, mes soupirs ont attendri son ame,
Il veut que votre main couronne mon ardeur.

Que ce jour a pour moi de charmes!
L'Hymen me donne enfin ce que me doit l'Amour.
Et le bien le plus doux accordé sans retour
Va payer mes tendres allarmes.
Que ce jour a pour moi de charmes!
L'Hymen me donne enfin ce que me doit l'Amour.

CORONIS & IPHIS.

Amour, rendés toujours aimables
Des nœuds que l'Hymen rend durables!
Regnés: ne nous quittés jamais:
Nos tendres Cœurs méritent vos Bienfaits.

CORONIS *aux Bergers.*

Recommencés vos Jeux sous ce paisible ombrage.

De deux Amans heureux célébrés les transports,
Oiseaux, à leurs chansons joignés votre ramage;
Vous Ruisseaux qui baignés les Fleurs de ce Rivage
Mêlés votre murmure à leurs tendres accords.

CHOEUR.

De deux Amans heureux célébrons les transports,
Oiseaux, à nos chansons joignés votre ramage;
Vous Ruisseaux qui baignés les Fleurs de ce Rivage
Mêlés votre murmure à nos tendres accords.

On danse.

IPHIS.

Que tout ici retentisse
Des appas de Coronis.

CORONIS.

Que tout applaudisse
A l'amour d'Iphis.

ENSEMBLE.

Que leurs Noms, que leurs Cœurs soient à jamais unis.

CHOEUR.

Que tout ici retentisse
Des appas de Coronis :
Que tout applaudisse
A l'amour d'Iphis :
Que leurs Noms, que leurs Cœurs soient à jamais unis.

SCENE VII.

CORONIS, ISMENE, IPHIS, BERGERS, APOLLON.

APOLLON *à part au fond du Théatre.*

PRêt à monter aux Cieux, quels chants viens-je d'entendre ?
A ce funeste outrage aurois-je dû m'attendre ?

La perfide ! *

** Apollon avance & veut frapper Coronis de son Javelot ; il est retenu par Iphis.*

IPHIS *à Apollon.*

Arrêtés Berger trop inhumain.

CORONIS *à Iphis se mettant entre lui & Apollon.*

C'est un Dieu, sauvés-vous, votre courage est vain,
Sauvés-vous cher Iphis....

Les Chœurs se retirent avec effroi.

L'ingrate !... l'infidelle...
Lorsqu'elle doit trembler, lorsqu'elle est criminelle,
Elle ne craint que le trépas.
D'un Mortel téméraire aussi coupable qu'elle...
Ah ! la terreur me montre où doit frapper mon bras...
Meurs indigne Rival...

Coronis entraîne Iphis dans la Coulisse où Apollon lance son Javelot.

CHOEUR *derriere le Theatre.*

O disgrace cruelle !

APOLLON.

Enfin, je suis vangé de l'audace d'Iphis...

CHOEUR *derriere le Théatre.*

Hélas ! le même trait a frappé Coronis !
L'amour les unissoit, le trépas les rassemble ;
Ils expirent ensemble !

Le

APOLLON.

Le destin m'a donc mieux servi que ma fureur…
Je me suis d'un seul coup immolé deux victimes…

CHOEUR *derriere le Théatre.*

Quel spectacle affreux ! quelle horreur !

APOLLON.

Bergers qui n'estimés qu'une sincere ardeur,
Devés-vous les pleurer vous qui sçavés leurs crimes?

CHOEUR *derriere le Théatre.*

Portons ces deux Amans dans le même Tombeau,
Que l'Amour avec eux enferme son Flambeau.

SCENE VIII.

APOLLON *seul.*

JE frémis… leurs regrets malgré moi m'attendrissent.
De funestes remords me frappent… me saisissent…
Qu'ai-je fait ! Coronis… quoi ma barbare main
A donc lancé le trait qui vous perce le sein ?…
O Ciel ! vous descendés sur les Rivages sombres…
Et mon Rival vous suit dans l'Empire des Ombres…
Coronis vous mourés… ô destin trop cruel !…
Coronis vous mourés & je suis immortel !

Forcé de vivre, hélas! par une loi ſuprême
Que rien ne peut changer,
Quel deſeſpoir extrême!
C'eſt par moi que je perds le cher objet que j'aime,
J'ai pû cauſer ſa mort, je ne puis la vanger.

Que l'Univers entier reſſente mes allarmes,
On ne ſçauroit trop répandre de larmes
Pour le ſang que ma rage a verſé dans ce jour...
Ah! cachons mes fureurs dans une nuit profonde,
Et ceſſons d'éclairer le Monde
Puiſque je n'y vois plus l'objet de mon Amour.

Fin de la troiſiéme Entrée.

BACCUS ET ARIANE

QUATRIÉME ENTRÉE.

Le Theatre represente un Rivage solitaire de l'Isle de Naxos : on voit dans le lointain un Vaisseau qui fuit à pleines voiles.

SCENE PREMIERE.

ARIANE *seule sortant avec transport entre les Rochers.*

QUoi tu fuis Ariane, infidele Thesée...
As-tu pû concevoir ce barbare dessein...
Dieux ! quels sermens trahis ! quelle ardeur méprisée !
Tu serois moins ingrat en me perçant le sein.

Reviens parjure Amant, ſi tu vois mes allarmes,
Pourras-tu refuſer de me rendre ton cœur ?
Tu fuis, hélas! crains-tu de voir couler mes larmes?
Crains-tu d'écouter ma douleur ?

Avec mon déſeſpoir ton crime croît ſans ceſſe;
On peut te pardonner l'oubli de mes attraits
Et non celui de ma tendreſſe :
Ah! que n'es-tu témoin de mes triſtes regrets!

Reviens parjure Amant, ſi tu vois mes allarmes,
Pourras-tu refuſer de me rendre ton cœur ?
Tu fuis, hélas! crains-tu de voir couler mes larmes?
Crains-tu d'écouter ma douleur ?

Mais je n'apperçois plus le Vaiſſeau du perfide...
Neptune, vous ſouffrez que Zéphire le guide...
Dieu des Flots, d'un barbare éxaucez-vous les vœux?
Montrez vos droits, vangez mes feux.
Donnez à l'Innocence un ſecours légitime.
Prêtez-vous un azile au Crime ?
Ah! juſtifiez-vous par un orage affreux.

SCENE II.

ARIANE, EGIPANS & BACCANTES
qu'on ne voit point.

CHOEUR *qu'on ne voit point.*

PRinceſſe, oubliez un Volage,
Vos yeux charmans ſont-ils faits pour les pleurs ?

ARIANE.

Qu'entens-je ? hélas ! ſur ce rivage
Qui peut déplorer mes malheurs ?

CHOEUR *qu'on ne voit point.*

Princeſſe, oubliez un Volage,
Vos yeux charmans ſont-ils faits pour les pleurs ?

SCENE III.

Le Théâtre change. La Mer & les Rochers diſparoiſſent. On découvre de toutes parts des Côteaux chargez de Vignes en berceaux, peuplez de Baccantes & de Satires.

ARIANE, EGIPANS & BACCANTES.

ARIANE.

Quel prodige nouveau! les Fruits & la Verdure
Naiſſent de toutes parts!
Que de Berceaux fleuris cachent à mes regards
Les Flots complices d'un Parjure!
Du Dieu Vainqueur de l'Inde on voit l'aimable Cour...
Pour qui prend-elle ſoin d'embellir ce ſéjour?

CHOEUR.

Nous venons terminer vos peines:
Votre Amant a changé, changez à votre tour.
Immoler un Ingrat qui rompt de douces chaînes,
Ce n'eſt pas offenſer l'Amour.

ARIANE.

Vous condamnez en vain le charme qui m'abuſe;
Inutiles conſeils! hélas! dans cet inſtant
Ma raiſon les approuve & mon cœur les refuſe;
Quel ſupplice cruel d'aimer un Inconſtant!

CHOEUR.

Quelle fatale erreur d'aimer un Inconſtant !

SCENE IV.

ARIANE, BACCUS.

ARIANE *à part.*

DIeux ! j'apperçois Baccus lui-même,
Dérobons-lui mon trouble extrême.

BACCUS.

Charmante Princeſſe, arrêtez.
Sur ces Bords écartez
J'ai vû couler vos larmes ;
Le déſeſpoir guidoit vos pas.
Et loin d'effacer vos appas
La douleur dans vos yeux mettoit de nouveaux charmes ;
Vos regrets, vos ſoupirs dans ce triſte moment
Formoient la chaîne qui m'engage ;
En pleurant un Amant volage
Vous faiſiez un fidele Amant.

ARIANE.

Ah ! que me faites-vous entendre !
Ce diſcours convient-il à mes cruels malheurs ?

BACCUS.

Songez que c'eſt un Dieu qui vient ſécher les pleurs
Qu'un indigne Mortel vous force de répandre.

ARIANE.

Pour le ſuivre l'Ingrat, j'abandonnois des lieux
Commandez par un Roi formé du Sang des Dieux:
Vainement le Devoir ſévére
Rappelloit dans mon cœur les vertus de mon Pere,
Et les droits du ſéjour de mes ſacrez Ayeux;
Amour, je n'écoûtois que ton ordre ſuprême,
Tu me diſois, hélas! dans ces tendres momens,
Fuis Ariane, fuis, je te conduis moi-même.
Accompagne un Héros qu'engagent ſes Sermens,
Qu'importe, quels Climats habitent les Amans?
La Patrie eſt toujours où l'on voit ce qu'on aime.

BACCUS.

Theſée ingrat, Theſée abſent,
Triomphe ainſi de la préſence,
Et de l'Amour d'un Dieu puiſſant:
Theſée ingrat, Theſée abſent,
Sur votre cœur trahi, regne avec violence,
Son Nom dans votre bouche à chaque inſtant m'offenſe.

Ah!

Ah ! ſi l'Amour ne vous dit rien pour moi,
Ecoûtez du moins la vangeance.
Oubliez un Ingrat qui vous manque de foi,
Et de ſon châtiment faites ma récompenſe.
Ah ! ſi l'Amour ne vous dit rien pour moi,
Ecoûtez du moins la vangeance.

ARIANE.

Non, non, il eſt trop dangereux
D'écoûter le Dépit ſecondé par les vœux
D'un Dieu puiſſant qui s'éfforce de plaire.

BACCUS.

Ne voyez point mon rang, ne voyez que mes feux.

ARIANE.

C'eſt de votre Amour ſeul que je veux me diſtraire.

BACCUS.

Que l'Hymen ſur ces bords nous uniſſe tous deux.

ARIANE.

Quoi Fils de Jupiter, par ce brillant hommage
Vous m'offrez d'effacer l'injure qui m'outrage ?

BACCUS.

Je redouble ma gloire en formant ces beaux nœuds.

Calmez vos funeſtes allarmes,
Daignez partager mes Autels;
Réparer l'honneur de vos charmes,
C'eſt un emploi digne des Immortels.

Je n'éxige de vous que l'oubli d'un Volage.

ARIANE.

O Ciel!

BACCUS.

Vous vous troublez! expliquez ce langage...
Quel ſort doit-on prétendre avec un cœur conſtant?

ARIANE.

Théſée abandonnoit une Amante fidelle,
Mais, hélas! depuis un inſtant
Sa fuite n'eſt plus criminelle.

BACCUS.

Qu'entens-je? achevez mon bonheur;
N'accordez plus, belle Princeſſe,
De ſoupirs à votre douleur,
Réſervez-les à ma tendreſſe.

ARIANE.

Ne me reprochez plus ce triſte ſouvenir,
Vous ſçavez trop bien le bannir.

Des charmes de l'amour ne peut-on ſe défendre?

BACCUS.

Il triomphe de tous les cœurs.

ARIANE.

Ah! devroit-on deux fois ſe rendre
Au plus dangereux des Vainqueurs?

ENSEMBLE.

Des charmes de l'amour {ne peut-on / on ne peut} ſe défendre?
Il triomphe de tous les cœurs.
Ah! {devroit- / voudroit-} on {deux fois / ne pas} ſe rendre
Au plus {dangereux / gracieux} des Vainqueurs?

BACCUS *aux Egipans & Baccantes.*

Revenez, que vos chants célébrent mes ardeurs.

SCENE V.

BACCUS, ARIANE, LES EGIPANS & BACCANTES *se placent sous les Berceaux & forment des Groupes variez.*

BACCUS.

PRéparez de nouvelles Fêtes
Au cher Objet de mon amour.

Vous qui dans les Climats où commence le jour
Avez par vos Exploits secondé mes Conquêtes,
De Myrthes couronnez vos Têtes:
Vénus doit à présent vous compter dans sa Cour.
Préparez de nouvelles Fêtes
Au cher Objet de mon amour.

CHOEUR.

Triomphez, Princesse charmante,
Partagez la Gloire éclatante
Du Fils du Souverain des Dieux.
La Couronne qu'il vous présente
Doit un jour briller dans les Cieux.

On danse.

UNE BACCANTE.

Viens, Fils de Vénus,
Viens dans ces beaux lieux trouver Baccus:
Quand des Cieux tu descens sur la Terre
Cours au Verre
Tremper tes Traits,
Son Nectar augmente leurs attraits.
Regne sous la Treille,
Que tes Fers sont doux & charmans!
Quand la Vigne vermeille
Sert d'azile aux heureux Amans!
Cher Baccus l'Amour t'implore,
Tendre Amour Bacchus t'adore;
Triomphez puissans Vainqueurs,
Nous sentons le prix de vos faveurs;
Partagez tous deux l'Encens des Cœurs.

On danse

ARIANE.

Chantez Baccus & ses dons précieux,
Mortels, dans vos chagrins sa liqueur vous console:
La Terre a son Nectar aussibien que les Cieux,
Dès qu'il coule, l'Ennui s'envole.
Il calme nos regrets, il flate nos désirs,
Il interrompt nos pleurs, il suspend nos allarmes.

A la triſte Raiſon il ne ravit les armes
Que pour les donner aux Plaiſirs :
De la plus belle Fête il redouble les charmes.

Chantez Baccus & ſes Dons précieux,
Mortels, dans vos chagrins ſa liqueur vous conſole,
La Terre a ſon Nectar auſſibien que les Cieux.
Dès qu'il coule, l'Ennui s'envole.

On danſe.

UNE BACCANTE.

Jeune Beauté qu'un Infidele outrage
Gardez-vous bien de lui donner des pleurs :
Le moindre des malheurs
Eſt de perdre un Volage ;
Ne vous vangez de l'Inconſtant
Qu'en l'imitant.

Fin de la quatriéme & derniere Entrée.

APPROBATION.

J'Ai lû par ordre de Monſeigneur le Gardes des Sceaux, *Les Amours des Dieux*, *Balet Héroïque*. A Paris ce 9. Septembre 1727.

HOUDAR DE LA MOTTE.

PRIVILEGE DU ROY.

LOUIS par la grace de Dieu Roi de France & de Navarre : A nos amés & feaux Conseillers les gens tenant nos Cours de Parlement, Maîtres des Requêtes ordinaires de notre Hôtel, Grand Conseil, Prevôt de Paris, Baillifs, Senechaux, leurs Lieutenans Civils, & autres nos Justiciers qu'il appartiendra, Salut. Les Sieurs Besnier Avocat en Parlement, Chomat, Duchesne, & de la Val de S. Pont, Bourgeois de notre bonne ville de Paris, Nous ont fait remontrer, qu'en consequence de l'Arrêt de notre Conseil du 12. Decembre 1712. du Traité fait entre eux & les Sieurs de Francine & Dumont le 24 desd. mois & an, & de nos Lettres Patentes du 8. Janvier ensuivant, confirmatives du Traité, ils auroient acquis le Privilege de faire representer les Opera durant le tems de vingt années, à compter du 20. Aout 1712. ainsi que le Privilege de la vente des Paroles desd. Opera, lesquelles ils desireroient faire imprimer pour les donner au Public, s'il Nous plaisoit leur accorder nos Lettres de Privilege sur ce necessaires. A CES CAUSES desirant favorablement traiter les Exposans, attendu les charges dont l'Académie Royale de Musique se trouve oberée, & les grandes dépenses qu'il convient de faire tant pour l'impression que pour la gravûre en taille-douce des Planches dont ce Livre sera orné, Nous leur avons permis & permettons par ces Presentes de faire imprimer & graver les Paroles & la Musique de tous lesd. Opera, qui ont été ou qui seront representez par l'Académie Royale de Musique, tant separément que conjointement, en telle forme, marge, caractere, nombre de volumes & de fois que bon leur semblera, & de les faire vendre & debiter par tout notre Royaume pendant le tems de dix neuf années consecutives, à compter du jour de la date desdites Presentes. Faisons défenses à toutes personnes, de quelque qualité & condition qu'elles puissent être, d'en introduire d'impression étrangere dans aucun lieu de notre obéïssance; & à tous Imprimeurs, Libraires, Graveurs, & autres, d'imprimer, faire imprimer, vendre, faire vendre, debiter, ni contrefaire lesdites impressions, planches & figures, en tout ni en partie, sans la permission expresse & par écrit desdits Sieurs Exposans, ou de ceux qui auront droit d'eux, à peine de confiscation des Exemplaires contrefaits, de six mille liv. d'amende contre chacun des contrevenans, dont un tiers à Nous, un tiers à l'Hôtel-Dieu de Paris, l'autre tiers ausdits Sieurs Exposans, & de tous dépens, dommages & interêts; à la charge que ces Presentes seront enregistrées tout au long sur le Registre de la Communauté des Imprimeurs & Libraires de Paris, & ce dans trois mois de la date d'icelles; que la gravûre & impression desdits Opera sera faite dans notre Royaume & non ailleurs, en bon papier & en beaux caracteres, conformement aux Reglemens de la Librairie, & qu'avant de les exposer en vente il en sera mis deux Exemplaires dans notre Bibliotheque publique, un dans celle de notre Château du Louvre, & l'autre dans celle de notre tres-cher & feal Chevalier Chancelier de France le Sieur Phelypeaux, Comte de Pontchartrain, Commandeur de nos Ordres, le tout à peine de nullité des Presentes, du contenu desquelles vous mandons & enjoignons de faire joüir lesd. Sieurs Exposans, ou leurs ayant cause, pleinement & paisiblement, sans souffrir qu'il leur soit fait aucun trouble ou empêchement. Voulons que la copie desdites Presentes, qui sera imprimée au commencement ou à la fin desd. Opera, soit tenuë pour dûëment signifiée, & qu'aux copies collationnées par l'un de nos amés & feaux Conseillers & Secretaires foi soit ajoûtée comme à l'Original. Commandons au premier notre Huissier ou Sergent de faire pour l'execution d'icelles tous Actes requis & necessaires, sans demander autre permission, & nonobstant Clameur de Haro, Charte Normande & Lettres à ce contraires : Car tel est notre plaisir. Donné à Versailles le 20. jour d'Aout l'an de Grace 1713 & de notre Regne le soixante-onziéme. Par le Roi en son Conseil signé BESNIER avec paraphe; & scellé.

Nous avons cedé à M. Ribou le present Privilege suivant le Traité fait avec lui le 17. Juillet dernier 1713. A Paris le 12. Aout 1713. Signé BESNIER.

Registré sur le Registre avec la Cession, n. 3. de la Communauté des Libraires & Imprimeurs de Paris, page 648. n. 741. conformement aux Reglemens, & notamment à l'Arrêt du 3. Août 1703. Fait à Paris ce 11. Septembre 1713. L. JOSSE, Syndic.

A PARIS, De l'Imprimerie de J. B. LAMESLE, ruë de la vieille Bouclerie au bas de la ruë de la Harpe, à la Minerve. 1727.

www.ingramcontent.com/pod-product-compliance
Ingram Content Group UK Ltd.
Pitfield, Milton Keynes, MK11 3LW, UK
UKHW021112290826
14628UKWH00014B/1832

9 782329 609737